Gartenfest in Blumenhausen

Gartenfest in Blumenhausen

Märchen von Erich Heinemann

Bilder von Fritz Baumgarten

CARL WERNER REICHENBACH I.V.

✶

Genehmigte Lizenzausgabe für
Weltbild Verlag GmbH, Augsburg 1999

Gesamtherstellung: Himmer, Augsburg
Printed in Germany
ISBN 3-8289-5955-5

Es war einmal zwischen Ostern und Pfingsten. Da lud der Igel Malepunke Stachelmann als Ältester der Flur die Tiere der Wiese und des Feldes zu einer Versammlung ein am Grenzstein zwischen den Dörfern Trottelbach und Pfiffigsgrün. Es war gerade Sonntag, und ein Teil der Geladenen ließ sich höflichst entschuldigen. Sonntags wollten sie gemütlich zu Hause bleiben; zu ihrem Schaden, wie Ihr bald erfahren werdet!

Eine Stunde vor der festgesetzten Zeit schon standen Zippelmanns, die Mäuse, am Grenzstein. Neugierig wie sie waren, konnten sie kaum die Zeit abwarten und huschten aufgeregt hin und her. Als Stachelmann erschien, fragten sie ihn immer und immer wieder, was los sei, aber der Igel sagte nur: „Abwarten!“ Dann kamen nacheinander Quakel, der Frosch, der Maulwurf Wullemann, Frau Flatterich, die Meise, Flugg, der Spatz und Zwackel, der Grashüpfer. Pünktlich erschienen Huschel, die Biene und Frau Ariane, die Nachtigall. Frau Kohlweißling kam etwas verspätet angeflattert und am Schluß wackelten Mulle, der Mistkäfer, und der dicke Hamster Rupps heran.

Der Igel Stachelmann stand gelassen am Grenzstein und stellte die Geduld seiner Freunde auf eine nicht geringe Probe. Endlich, als er sah, daß in der Weite der Flur sich niemand mehr blicken ließ, strich er sich noch einmal den Schnurrbart und begann: „Liebe Acker- und Wiesenfreunde! Ich habe Euch gerufen, um einen großartigen Vorschlag zu machen, der uns allen zugute kommen soll! – Ich frage Euch, die Ihr hier versammelt seid: Ist das etwa ein Leben, das wir führen? Müssen wir nicht das tägliche

Brot zusammenstehlen unter großen Gefahren, und wurden nicht viele von uns in den Gärten von Pfiffigsgrün und Trottelbach grün und blau oder sogar totgeschlagen? Und warum? – Weil wir in fremde Gärten gehen müssen, um Nahrung zu finden; weil die Bauern in uns Diebe und Strolche sehen, die ihr Obst und Gemüse stehlen! Aber ich, Euer Malepunke Stachelmann, will jetzt verraten, wie diesem Elend abzuhelfen ist: Wir wollen eine Gartengemeinschaft gründen und eigene Gärten anlegen! – Keiner von uns hat es fortan nötig, andere zu bestehlen! Jeder sät und erntet, was ihm schmeckt; jeder von uns ist Grund- und Gartenbesitzer!“ Die Runde um den Grenzstein war baff vor Freude und Staunen! Herrlich die Idee, für jeden ein eigenes Paradies bereits auf Erden zu

schaffen! – Der Vorschlag Malepunke Stachelmanns wurde einstimmig angenommen, und ihm zu Ehren erhielt der neue Gartenverein den Namen:

Gartengemeinschaft Malepunke!

Es wurden viele Reden gehalten, und sicher hätte die Sitzung noch lange gedauert, wenn Stachelmann sie nicht plötzlich aufgehoben hätte wegen drohender Gefahr! Kam doch ein Jägersmann mit seinem Hund über die Felder!

Schon am nächsten Tag begann die Arbeit! Ein versteckt liegendes Stück Brachland wurde eingezäunt; es wurde umgegraben, gesät und gegossen. Schöne, warme Wochen kamen, und nach zwei Monaten war das Fleckchen Erde nicht wiederzuerkennen. Jeder hatte jetzt seinen Garten und gestaltete ihn so, wie es ihm behagte. Allerdings muß gesagt werden, daß nicht alles so ging, wie Malepunke Stachelmann es sich vorgestellt hatte. Sicher wird es Euch interessieren, was die Tiere mit ihrem Gartenland anfingen, und wir wollen uns einmal die einzelnen Gärten ansehen.

Quakel, der Frosch, zerbrach sich seinen dicken Kopf nicht eine Sekunde darüber, was er pflanzen könnte. Für ihn gab es nur eine Sehnsucht und ein Ziel: ein eigener Teich! In tagelanger Arbeit grub er ein tiefes Loch mitten im Garten, und die Familie half nach besten Kräften mit. Ein Bächlein wurde zugeleitet, und als sich endlich die Grube mit Wasser gefüllt hatte, war das schönste Schwimmbad fertig. – Stand die Sonne heiß am Himmel, begann ein Badebetrieb, der jedem Strandbad Ehre gemacht hätte. Stips, der Älteste, hatte den Ehrgeiz, Kunstspringer zu werden, und Schnick und Schnack, die Zwillinge, eiferten im Wettstreit, wer am längsten unter Wasser bleiben konnte. – Gelbe Wasserlilien, Schilf, Teichrosen wuchsen, und wenn die Sonne auf dem Wasser glänzte, sah es wie flüssiges Gold aus und lockte unzählige Mücken herbei.

„Hier ist es herrlich", dachten sie, tanzten selig und vergnügt und merkten zu spät, an was für eine Familie sie geraten waren. – Schwapp – wurden sie eine nach der anderen verschluckt! – Das Schönste aber war der Abend! Wenn es kühl wurde, versammelten sich die Frösche im noch von der Sonne warmen Wasser und quakten, quakten ohne Ende. Erst spät, wenn die Kinnbacken vom vielen Quaken schmerzten, krochen sie zufrieden in ihre Schilfbetten und freuten sich schon auf den nächsten Tag.

Der Igel Malepunke Stachelmann, ein alter Herr mit bereits ergrauten Borsten, war mit den Jahren etwas wunderlich geworden. Eusabia, seine Frau, hatte sich daran gewöhnt und nahm alle Taten ihres Hausherrn mit Güte und Gleichmut hin. Der neue Garten brachte aber doch eine Erschütterung ihrer bisher so glücklichen Igelehe. Und weshalb das? Entpuppte sich doch der gute Stachelmann als Kakteen-Liebhaber und bepflanzte jedes Beet und jede Ecke mit den ihm so ähnlichen Gewächsen. – Sie gediehen bei seiner guten Pflege, daß es eine Lust war und streckten ihre Stacheln gefährlich nach allen Seiten. Für Stachelmann war es das größte Vergnügen, sich dazwischen zu stellen, unsichtbar, er selbst ein dicker, runder Kaktus! – Für den täglichen Tisch lieferten die Kakteen nichts, rein gar nichts, höchstens die Stacheln als Zahnstocher, und Frau Eusabia hatte ihre Sorgen, das Essen herbeizuschaffen. Alle Tränen und alles Schimpfen aber waren nutzlos, Malepunke blieb bei seinen geliebten Kakteen. – Am Schluß ging jedoch alles gut aus! Die Nachbarn hatten ihr Vergnügen an den etwas verrückten Gewächsen. Es wurde Mode, eine kleine Gartenecke damit zu bepflanzen, und dafür bekam Frau Igel Gemüse und Gartenfrüchte in ihre Küche. – So führte die Beharrlichkeit Stachelmanns doch zum Erfolg, und er hatte jetzt das letzte Wort: „Ja, ja, du siehst wieder einmal, liebe Eusabia, daß Malepunke Stachelmann doch der Klügere ist und alles gut und richtig macht!“

Frau Huschel, die Biene, machte sich mit ihren zahlreichen Kindern sofort energisch an die Gartenarbeit. Bald war die Erde umgegraben, alle Steine entfernt und gut gemischter Blumensamen gleichmäßig über den gesamten Boden ausgesät. Wege und Gartenbänke waren unnötig, kamen die Bienen doch kaum auf die Erde oder gar zum Ausruhen. – Nach kurzer Zeit wuchs ein Blumenteppich, leuchtend in allen Farben. Ich glaube, es gibt nicht eine Blume, die nicht in Frau Huschels Garten wuchs, und allen war sie gut und kannte sie mit Namen. – Welch ein Duft und welch eine Pracht! – Von früh bis spät surrte und summte es, und scharenweise suchten die Bienen den süßen

Blütensaft. Ging die Honigernte doch über den ganzen Sommer. – Die Bienenmutter duldete in ihrer Sippe keine Faulenzer! Wehe dem Fremd-

ling, der es wagte, diese Emsigkeit zu stören! Da wurde Frau Huschel aber böse und rückte ihm mit ihrem spitzen Stachel so lange zu Leibe, bis er schleunigst das Weite suchte. Trotzdem hatte sie ein gutes Herz! Wer Hunger hatte und höflich bat, dem reichte sie einen Becher voll köstlichen Honig, so sparsam es auch im eigenen Haushalt zuging. – Die Bienen waren in ihrem Garten glücklich und zufrieden, und über der Pforte stand der Spruch: „Ohne Fleiß kein Honig!"

Mulle, der Mistkäfer, war ein ganz Durchtriebener! Keiner sah es ihm an, wenn er gemütlich des Weges daher spaziert kam, bis der Garten es an den Tag brachte. – Gleich am Anfang wurde mit viel Mühe und Fleiß eine Fuhre Mist angefahren und in einer Ecke hoch aufgeschichtet. Wie staunten eines Morgens die anderen Gartenbesitzer, als ein fester Zaun um den Misthaufen herumgebaut war! Oben auf dem Hügel aber lag im bequemen Liegestuhl unser Mulle, las die Zeitung und tat so, als wäre es nie anders gewesen. Seine Kinder vergnügten sich damit, an den Seiten des Haufens wie auf einer Schlittelbahn herunterzurutschen, und Ihr könnt Euch vorstellen, wie sie aussahen. – Bekanntlich hat der Mistkäfer eine kräftige Zange als Gebiß. Deshalb schimpften die Nachbarn nur, wagten aber nicht, ihm auf den Leib zu rücken, und so war Mulle über Nacht durch einen Handstreich zu einem Garten gekommen, der seinem Geschmack und seinem Geruch entsprach. – Wenn die Sonne heiß auf den Mist schien, und er immer wieder aufs neue zu rauchen anfing, dann glaubte Mulle, in der allerschönsten

Sommerfrische zu sein. Er konnte nur lächeln über die Leute, welche zur Erholung in die Berge oder an die See gingen. Solche Luft gab es dort niemals! – Ihr könnt getrost die Nase rümpfen; das stört ihn ebenso wenig wie das Geschrei der Nachbarn. Einem Mistkäfer dünkt eben der Geruch des Mistes so schön wie Euch der Duft einer Rose!

Rüpps, der Hamster, verlangte ein besonders großes Stück Land mit dem Hinweis: ein Hamster müsse immer mehr bekommen! Keiner ließ sich gern mit dem dicken Streitbold ein, und so erhielt er einen recht großen Garten. – Ach, wie schlecht lohnte er dieses Entgegenkommen! Weder der Sonnenschein noch die bunten Blumen, noch die weißen Wolken am Himmel machten ihm Freude. Sein Grundstück war eine Wildnis. Halme von Korn und Weizen wuchsen in Gemeinschaft mit allem Unkraut, und Rupps hatte die schlimmsten Absichten damit. Grub er sich doch in dieses Dickicht eine Anzahl Keller, die von außen gänzlich unsichtbar waren. – Tagsüber ließ er sich kaum sehen; aber sobald es finster war, begann seine dunkle Arbeit. Geräuschlos stieg er in die Gärten der Nachbarn und stahl alles zusammen,

was des Mitnehmens wert war: Schoten, Erdbeeren, Kirschen, Möhren, Zwiebeln und vieles andere. Seine Hamsterräume füllten sich mit Büchsen und Gläsern, da er alles dauerhaft einkochte. – Rupps war ein Geizhals größten Ausmaßes und nur sich und seinem Bauche gut. Die Gartennachbarn wagten nicht, gegen den bösen und starken Spitzbuben

vorzugehen. Allein Huschel, die Bienenmutter, gab ihm einen gehörigen Denkzettel! Als er in stockfinsterer Nacht seine langen Finger nach ihren vollen Honigtöpfen ausstreckte, stach sie kräftig zu. „Au!“ schrie Rupps laut auf und trug den Arm eine ganze Woche im Verband. – Das Mausen ließ er aber trotzdem nicht, nur um die Honigtöpfe machte er von jetzt an einen großen Bogen.

Zwackel, der Grashüpfer, und seine Familie waren eine recht lockere Gesellschaft wie alles Musikantenvolk. „O weh, meine Ruhe!" dachte Malepunke, der Igel, und gab ihnen die äußerste Gartenecke. – Wie recht tat er damit, denn kaum im Garten, begannen sie ein Konzert, daß den Nachbarn die Haare zu Berge stiegen, und sie pfiffen, bliesen, zirpten und fitschelten, daß es noch in Trottelbach und Pfiffigsgrün zu hören war. Auf diese Musik aber – man sollte es nicht glauben – waren sie schrecklich eingebildet und ihr größter Verdruß war, daß sich keine Zuhörer einfanden. Deshalb sangen sie immer und immer wieder als Einladung im Chor das Lied der Grashüpfer:

Als uns der liebe Herrgott schuf,
da wollt' er Musikanten!
Er schuf uns lustig, lebensfroh
und keine alten Tanten.
Hoppsassa bum bum!

Wenn einer taub geboren ist,
der ist nicht zu beneiden;
gleicht einem, der nur Salat ißt
und kennt nicht Süßigkeiten.
Trallalla bum bum!

Doch wer Musik im Blute hat,
der komm' in unsern Garten.
Wir spielen ohne Notenblatt
und ohne Eintrittskarten.
Tschingdara bum bum!

Trotzdem eilten die Gartennachbarn schnell vorüber, ohne sich allerdings die Ohren zuzuhalten; denn wer ließe sich gerne nachsagen, daß er gänzlich unmusikalisch ist?

Frau Flatterich, die Meise, hatte Not und Armut kennen gelernt, seit ihr lieber Mann im letzten kalten Winter tot vom Baume fiel. Sie trauerte noch heute und trug eine schwarze Schleife am Bein. – Endlich im Besitz eines eigenen Gartens, dachte sie fürsorglich schon an die nächste Winterszeit und überlegte lange, welche Aussaat wohl den größten Ertrag brächte, bis sie sich entschloß, Sonnenblumensamen zu stecken. – Bereits nach Tagen blickten die Pflänzchen neugierig ins Tageslicht und hatten es dann so eilig, daß man sie wachsen sehen konnte. Die Sonne freute sich ihres Eifers und ihrer Lebenskraft und meinte es besonders gut mit ihnen. – „Höher, immer höher hinaus", dachten sie und bekamen Stiele, beinahe armstark, und Blütenteller, so groß wie Wagenräder. – Die Hauptsache aber für die Meisenfamilie waren die Kerne, hunderte von Kernen, die, einer hübsch neben dem anderen, in der Mitte der Blüte saßen. – Endlich schwarz und reif, wurden sie sorgfältig ausgepickt und in Säcken verpackt aufgehoben. – Frau Flatterich war eine mitleidige Seele! Jeder kleine Straßensänger, der halb erfroren und mit kaltem Schnabel sein Lied zum besten gab, erhielt einige Kerne.

Das sprach sich in den Dörfern herum, und da die Not groß war, riß das Bitten und Singen vor ihrem Hause nicht ab, so daß sie schließlich selbst sparen mußte, um bis zum Frühling auszukommen. Dafür hatte sie aber überall gute Freunde und war mit ihren Kindern angesehen und hochgeachtet.

Wullemann, der Maulwurf, seine Frau Malwine und drei kräftige Jungens, alle in glänzend schwarzem Samtpelz, wie es sich für ehrbare Maulwürfe gehört, hatten nicht den geringsten Sinn für Gartenkultur. Sie ließen wachsen, was wachsen wollte, warfen fünf Erdhügel auf, und darunter gruben sie fünf Wohnungen, für jeden der Familie eine. Reich waren sie trotzdem nicht, wie Ihr vielleicht denkt! Ein feiner Pelz und eine eigene Wohnung gehören eben zu jedem Maulwurf. Einen Vorteil hatten die eigenen vier Wände außerdem. Wenn die redselige Frau Malwine immer und immer von schlechten Zeiten erzählte, ging Wullemann in seine Wohnung tief unter der Erde und schloß die Tür hinter sich zu. Ja, so klug war er, der Herr Wullemann! – Am liebsten saß er vor seinem Bau, las den Trottelbacher Landboten oder schlief zufrieden in der warmen Mittagssonne. – Unter der Erde aber war er nicht wiederzuerkennen, grub lange Gänge von einer Wohnung zur anderen oder suchte auch fette Engerlinge für den Mittagstisch. Kurz gesagt, er war der geborene Bergmann! Seine drei

Jungens eiferten ihm nach und waren auf dem besten Wege, erstklassige Maulwürfe zu werden. Wer aber glaubt, daß die Familie immer schmutzig aussah, der irrt sich gewaltig! Die Samtpelze waren stets untadelig und von tiefster Schwärze, wenn sie auch oft gebürstet werden mußten. Deshalb wurde Papa Wullemann zum Pastor gewählt und übte sein Amt mit großer Würde und zur Zufriedenheit der Gartengemeinde aus.

Flügg, der Spatz, erhielt bei der Verteilung der Gärten den Teil, auf dem ein Kirschbaum in den besten Jahren stand, und so war der Tisch für ihn und die Seinen gedeckt. – Eine Wohnlaube wurde zwischen die Äste gebaut, und dann warteten die Spatzen ab. – Es kamen die Blüten, und der Baum stand da, weiß wie mitten im Winter. Und doch war es die herrlichste Offenbarung des Frühlings! – Der Spatzenfamilie war dieses Wunder gleichgültig, sie wartete weiter und zählte ungeduldig die Tage. – Bald war auch dieser Blütenzauber vorüber, die Früchte wuchsen, erst klein, dann größer und größer werdend. Den Spatzen lief das Wasser im Schnabel zusammen, wenn sie an den ersehnten Tag der Ernte dachten. Vorläufig strolchten sie in der Gegend herum und stibitzten. – Endlich waren die Kirschen purpurrot, und es begann ein Balgen, Lärmen und Fressen, daß die Nachbarn erschrocken zusammenliefen. Als sie sahen, daß oben im Baum gespeist wurde, baten sie auch um einige der süßen Früchte. Da aber lernten sie Familie Spatz kennen! Was vom Baume herunterfiel, das waren die Kerne! Es regnete Kerne, immer nur Kirschkerne, die ihnen die übermütigen Spatzen auf den Kopf spuckten, und so mußten sie enttäuscht mit ihrem großen Appetit nach Hause gehen. – Doch als der Baum leer war, und die Spatzen wieder zu den Nachbarn kamen, da wurden sie höhnisch abgewiesen. – So rächte es sich, daß sie in ihrer guten Zeit nichts für andere übrig hatten!

Frau Malberta Kohlweißling, und die ganze große Familie der Kohlweißlinge kannten nur eine Gartensehnsucht: viele und dicke Kohlköpfe! – Einer neben dem anderen, so standen sie in langen Reihen, ließen sich pflegen und hätscheln und wurden zur Freude aller immer runder und aufgeblasener. In ihren Reihen galt die schlanke Linie nichts und Schönheit wurde nach Gewicht bemessen. – Als aber das Verspeisen begann, schmolz das schöne Aussehen hin wie der Märzschnee in der Sonne. Die Kinder der Kohlweißlinge, die Kohlraupen, sind ganz große Fresser! Sie fressen zum Frühstück ein Blatt, eins zum Mittagessen und zum Abendbrot wieder eins. Zwischendurch wurde aber auch noch genascht. Kein Wunder, daß die behäbigen Kohlköpfe bald arg zerfressen und recht armselig aussahen. „Es ist doch traurig, ein Kohlkopf auf Erden zu sein", jammerten sie und konnten doch nichts dagegen tun. – Stellt Euch vor, Ihr müßtet den ganzen lieben, langen Tag Kohl essen, nichts als Kohl, wie rasch würdet Ihr diese Kost satt bekommen, und Ihr werdet daraus schließen, daß die Kohlweißlinge keine Feinschmecker sind. Es ist aber so in der Welt eingerichtet, der eine ißt gern Kuchen und Schokolade, der andere Schinken und Wurst. Die Kohlweißlinge aber essen für ihr Leben gern Kohl – Blumenkohl, Weißkohl, Rotkohl, Wirsingkohl, Grünkohl,– und das ist ihnen Abwechslung genug; zum Schaden des Bauern, wenn sie nicht wie Frau Malberta eigenen Kohl bauen.

Zippelmanns, die Mäuse, waren zuerst ganz ratlos, was sie mit ihrem Stück Erde anstellen sollten. Wurst und Speckseiten wachsen bekanntlich nicht im Garten, Rüben und Möhren aber waren nicht nach ihrem Sinn! Doch wie es so oft geht, kam zu rechter Zeit ein guter Einfall! Zippelmann zimmerte eine Laube, stellte Tische und Bänke auf und hing über die Gartentür ein Schild: Zum guten Schluck! – Wer einmal tagsüber in glühender Sonne im Garten gearbeitet hat, weiß, was dabei für ein Durst kommt, und es dauerte nicht lange, da waren die Gartennachbarn seine Stammgäste. Der Beerenwein Zippelmanns hatte es in sich; er schmeckte so herrlich süß und war doch so gefährlich! Kein Wunder, daß verschiedene über den Durst tranken und den Garten zu später Stunde schwankend verließen. Zippelmann bediente seine Gäste stets höflich und zuvorkommend. Als aber der Hamster Rupps beschwipst und auf seine Stärke pochend gehen wollte ohne Bezahlung, da biß ihm der kleine Wirt so kräftig in die Beine, daß Rupps sein Geld schnell auf den Tisch legte. Zippelmanns wurden reiche Mäuse, und es zeigte sich, daß man auch in einem Gärtchen dick und rund werden kann, trotzdem keine Schinken und Bratwürste an den Bäumen hängen. Die Gäste dagegen kamen auf keinen grünen Zweig; denn wer viel ins Wirtshaus geht, bleibt arm sein Leben lang!

Frau Ria Ariane, die Nachtigall, war eine Sängerin von Gottes Gnaden, und alle Gartenbesitzer waren stolz, sie in ihrer Mitte zu haben. Kannten die meisten sie doch schon von ihren Abendkonzerten am Waldrand, die stets ausverkauft gewesen wären, wenn Frau Nachtigall jemals Eintritt erhoben hätte. Sie aber lebte nur ihrer Kunst, verschenkte ihren Gesang an arm und reich und fragte nicht nach Lohn und Dankbarkeit. – Man erzählt, sie sei jedes Jahr hochgeschätzter Gast des Sultans von Malabaka und seiner hundert Frauen, auch habe ihr der schwarze Herrscher erst kürzlich den Stimmbandorden verliehen. Sogar im innersten Afrika wußte man also ein solches Können zu schätzen! – Ihr Garten war großzügig wie sie selbst. Eine Hecke von roten Rosen überspannte ihn in seiner ganzen Breite. Bänke waren für die Zuhörer aufgestellt, und in schönen Sommernächten gab sie im Lichte des Mondes herrliche Konzerte. Auch Zwackel, der Grashüpfer, mußte zugeben, daß Frau Ariane wunderbar singen konnte, wenn er auch damit noch lange nicht sagen wollte, daß sie soviel von Musik verstand wie die Grashüpfer. Selbst Rupps, dem Hamster, vergingen die schlechten Gedanken. Alle Zuhörer lauschten in Verzückung dem Jubilieren der Töne, und wenn Frau Nachtigall mit einem oft minutenlangen Triller das Konzert beendete, wollte der Beifall kein Ende nehmen. Sie wurde einstimmig zur Kammersängerin ernannt, aber sie wurde davon nicht stolz. Sie war groß und doch bescheiden. – Und so gehört es sich auch!

Als der Herbststurm die Blätter von den Bäumen wehte, wurde es in den Gärten stiller und stiller. Frau Nachtigall ging nach dem Süden auf eine Gastspielreise. Zippelmanns, die Mäuse, zogen in ihren Bauernhof nach Pfiffigsgrün. Sie wohnten dort in der Speisekammer, wie es sich für reiche Mäuse gehört. Wullemann und der dicke Rupps suchten die Winterpelze hervor und machten sich unter der Erde ein weiches Bett für einen Dauerschlaf zurecht. Die Spatzenfamilie siedelte gar in die Stadt über; sie war für Betrieb und an das Großstadtleben gewöhnt. Die Frösche kühlten langsam ab und ließen sich, als die Kälte kam, in ihrem Teich einfrieren. Auch die anderen verkrochen sich so gut es ging, und eines Morgens lag über den Gärten eine dicke weiße Schneedecke ausgebreitet.

Als aber die Sonne dem Winter auf den Pelz brannte, daß er kopfüber in die Berge floh, und als endlich die Osterglocken läuteten, waren alle unsere Bekannten wieder zur Stelle. Ein neuer Gartenfrühling begann! Vielleicht besteht die Gartengemeinschaft noch heute. Möglich ist alles, und man müßte am Sonntag einmal nachsehen!

E N D E